It's Handy!

N. S. YOSHITOMI

A BOOK OF PHRASES

南雲堂

はじめに

　英語を学んでいるときの日本語が、「ふだん話している日本語とどうも違うな」と思われた人は案外少なくはないのではないでしょうか。

　"You"がいつも「あなた」「君」であるはずはありません。"He"がいつも「彼」であるはずもありません。「あの人」とか「あの方」が普通であって、場合によっては「あいつ」とも言います。

　ふだんあなたは自分自身のことを何といいますか？

　自然な英語をマスターするためには、ふだん話している自然な表現で学ぶことが必要です。

　会話の大部分は「自分と相手」によるものです。そのため、本書ではフレーズは出来るだけ "I" と "You" を使うようにしました。また、いろんな状況に応用しやすいように「もの」や「こと」を示す単語には "it" を用いています。

　暗記した英語のフレーズを実際に使うためには、「どういう時」に「どういう場所」で使うのか、状況を把握することが大事です。状況把握によりイメージがふくらみ、覚えるのも楽になるはずです。状況説明の他にも本書にはフレーズを自分のものにする仕掛け（工夫）が随所にあります。

　100のフレーズは直ぐに覚えられ、多くの場面で使えるものばかりです。いろんな場面で実際に使ってください。日本語の会話やスピーチの中でも使えるはずです。

　本書が英語をマスターするためのキッカケになることを願ってやみません。

2003年初夏
著者

本書の使い方

本書は２つの **UNIT** から成っています。

UNIT Ⅰ　100のフレーズを楽しもう
１）**UNIT Ⅰ** の構成
　本編は、全て（A～F）６つのセクションで構成され、基礎から100のフレーズを学べるように編集されています。

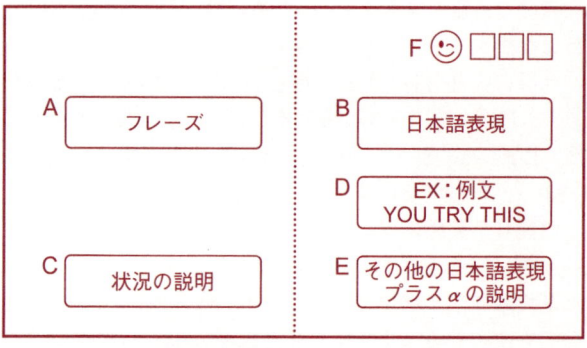

A．フレーズの提示。
B．フレーズの日本語表現。
C．フレーズを使いこなすための状況説明。
D．①EX.
　　　フレーズと状況を確認するための例文。
　　　※ EXの和訳は目次にあります。
　　②YOU TRY THIS（EXERCISE）。
　　　例文をもとに、単語や文を考え入れてセリフを完成させます。例文は系統だっており、入れる単

語は少しずつ多くなります。ただし、それ程難しい
　　　ものはありません。
　E．その他の日本語表現とプラスαの補足説明。
　　　様々な状況があるように、日本語表現も一つでは
　　ありません。日常生活で使われる現代の自然な表現
　　を選びました。フレーズによってはプラスαの説明が
　　あるものもあります。類似表現やミニ文法等々です。
　F．Free Box。
　　　このボックスは読者の皆様が自由に利用するため
　　のものです。理解度、学んだ進度、日付けなど。また、
　　好みのフレーズに合わせて色やイラストを入れるなど。

2）UNIT Ⅰ の使い方

❶：A＋B

　一番シンプルで時間のかからない方法です。とにかく一度最後まで読みたいとき、また、電車の中で読む時にこの方法は最適です。あるいは、何度も読んだ後でチェックをするという意味で、A＋Bをスキャンするのも良い方法です。この時には全フレーズを5分以内でスキャンできるようになるはずです。

❷：A＋B＋C or A＋B＋C＋E

　もう少し丁寧に読みたい時向けです。CやEを加えることで、かなりイメージがふくらむはずです。また、ある程度できる人でも、案外知らなかったと思うことが書かれています。

❸：❶or❷＋D

　Exerciseをすることにより、自分で考えながら話すという作業が生まれます。ここまでやると、そのフレーズはあなたのものになります。

UNIT Ⅱ　MR. BOOKと話してみよう
1）UNIT Ⅱ の構成
　100のフレーズを本が問いかける形式で2種類の会話が出来るように編集されています。

　フレーズの状況把握と、セリフの受け答えの応用練習が出来ます。学んだフレーズを違う角度から確認してください。

1.「こんなとき何という。」（状況把握の練習）
　　本編で学んだ100の状況が全てリストされています。

2.「…と言ったら、どう言う?」（Respondingの練習）
　　Mr. Book のセリフがリストされています。

2）UNIT Ⅱ の使い方
1.「こんなとき何という。」

　　各状況を読みながら、具体的にその場面を想像し、どのフレーズが使えるのかを確認してください。

　　フレーズ対一つの表現という限られた覚え方ではなく「状況」でフレーズを学ぶようにします。

　※各番号はフレーズ番号ですので、分からないときはその都度確認しましょう。

2.「…と言ったら、どう言う?」

　　Mr. Book のセリフを読んで、英語のフレーズを答えてください。英語のセリフを読んで、あるいは誰かに読んでもらい、英語だけで練習してください。相手がいるときは、実際に会話をしたと同じ効果が得られます。

　　Mr. Book のセリフにはほとんど疑問文はありませんが、これも普通の会話です。English Onlyでtryすると、英語で考える能力が養われるはずです。

目　次

UNIT Ⅰ　100のフレーズを楽しもう ……………13
1. うちの今度のプロジェクトなら、任せてください。
2. 彼この本くれたんだけど、なかなか便利だよ。
3. 明日面接試験なんだよね。でも、どうってことないさ。
4. 私の友だちがあなたのプロジェクトのこと教えてくれたわよ。なかなかいいんじゃない。
5. 今、就職活動大変でしょう。だから、ゆっくりやったら。
6. しょうがないよ。君はもう行かなきゃね。
7. 将来パイロットになるって？頑張って！
8. へー、彼からメール来たの？まじで？
9. 明日スピーチしなきゃならないんだよ。祈っててよ。
10. このクラス好きだなー。面白いよ。
11. 私たちの旅行のことだけど、あなた次第ね。
12. 自分の部屋は自分で掃除したら。弁解無用よ！
13. あたしね、エアロビックスのレッスン受けてるの。で、うん、順調よ。
14. 彼、新しいコンピュータシステムの説明してくれたんだけど、さっぱり分からないのよね。
15. 彼ニューヨークへ行ったの？へー、そりゃ初耳だ。
16. またそこへ行けるよ。ま、がっかりすんな。
17. インタービューのときはありのままにしたら。
18. 君の相棒無作法だけど、冷静に行こう。
19. 間違ったのか。ま、やり直せ。

20. そのこと私の上司に言いますからね。本気なんだけど。
21. このジグソーパズル面白い！ ハマっちゃったよ。
22. A：映画見に行く？
    B：あ、喜んで。
23. この間ジェーン・パーカーを見かけたよ。覚えてる？
24. プロジェクトうまくやってるね。その調子で続けて。
25. 今週末釣りに行くって？ 十分楽しんでね。
26. 友だちは『スター・ウオーズ』好きでないんだけど、あれはたまんないよ。
27. 道理で、彼あまり食べないわけだ。
28. あいつ、どんな機械でも直せるんだぜ。あいつはなかなかだよ。
29. うちの家族のことなんだから、君には関係ないよ。
30. 彼誰にも会いたくないのよ。放っておきなさい。
31. え、それまだ彼に言ってないの。叱られるわよ。
32. 彼女俺の言う通りにしてくれなかったんだ。ま、いいか。
33. 大きい部屋に大きいキッチンがあるのね。くつろげるわね、ここ。
34. うん、それ返すのいつでもいいから。でも、出来るだけ早くね。
35. もう、行かなきゃ。これから病院なの。
36. へー、どうして分かるの？ こちらが思っていること、いつも聞く前にあなたは答えてくれるのね。
37. うん、うちの電話使ってもいいよ。別に大したことでないから。

38. あのこと手伝ってもいいよ。私の言うこと信用していいよ。
39. 車にお金注ぎ込んだから、すってんてんなんだよ。
40. はい、これ。探していたんでしょうこの本？
41. まったく、バスまた来なかったよ。もう我慢できないね！
42. こうやるんだよ。この缶の開け方分からない？
43. へー、その色もう変えたんだ。その方がよっぽどいいね。
44. 何だって？ テレビがうるさくて…。
45. そのセーターおニュー？ 似合うね。
46. 本当にそれゲットしたいんなら、意地を見せたら！
47. 止めてちょうだい。全く失礼な人なんだから。
48. 言葉づかいに気をつけろよ。彼女がっかりするぜ。
49. A：ボスが言ってたけど君首だって。いやー、それ冗談。
    B：びっくりさせないで。
50. ダメだよ。日本語は御法度なんだぜ、このクラスじゃ。
51. A：僕の誕生日パーティー、今度の金曜日なんだけど来ない？
    B：そう出来たらいいんだけど…。
52. 今落ち込んでるの。だからどこへも出たくないわ。
53. 早合点するな。俺はまだ手伝うつもりでいるんだぜ。
54. あなたはいい人だと彼女思ってるわよ。よく覚えておいたら。
55. いつも助けてくれるから、今日はただお客でいてね。
56. 映画見に行きたいね。今晩何やってる？
57. 彼難しいんだよね。もう手伝ってくれないのよ。
58. A：電車に乗遅れたお陰で昨日はホテルで一泊だよ。

B：それはお気の毒様。
59. A：あのコンサートでピアノ弾いたんだぜ。
　　　B：で、どうだったの？
60. うん、それ彼に話してみたよ。ま、だまって見届けよう。
61. A：今晩残業なんだよ。
　　　B：無理しないようにね。
62. A：チョコ食べる？
　　　B：いや遠慮するわ。私、ダイエット中なの。
63. A：この時計はね、電池2つ入れなきゃ。
　　　B：ああ、うまくいくね。ありがとう。
64. 今回はもう絶対に彼に会うべきよ。そのチャンス逃しちゃダメよ。
65. え、シドニーに行ったの？で、その印象は？
66. 休憩して外に食べに行こう、俺のおごりで。
67. 苦労なくして何も得られず。それマスターしたいんなら、あの本を読めよ。
68. A：遅くまで起きてるんなら、この夜食たべて。
　　　B：どうも。ありがたいねーェ。
69. あのクラス、俺達全然話す機会ないもな。つまんないよ。
70. ボブって、パーティーでいつも政治のこと喋るんだよな。壊し屋だよ、あいつは。
71. あたし、甘党なの。ケーキもう一つ頂けるかしら。
72. あいつまたやったよ。うんざりだなもー。
73. こういう魚、私アレルギーなんです。
74. 来たぞあいつ。グッドタイミングだな。

75. A：まだ来ないの彼。
    B：いつものことだよ。
76. このジャケットちょっと小さすぎるわ。糖分ひかえなきゃ。
77. 偶然だねェ。私も同じバッグ買ったわよ。
78. やること一杯あってね。だから、一緒に行けないよ。
79. なんで黙ってるんだよ？ 何か気に障った？
80. え、北海道に行くの？ あそこ、涼しくて気持ちいいよね。
81. 同僚がその書類見てくれたんだよ。お陰で随分時間が省けた。
82. 壊れたあなたの車だけど。私がいけないんです。
83. ここは花は楽しめるけど、蒸暑いねェ。
84. え、仕事止めたいって!? うん、その気持ち分るよ。
85. あなたって冗談が分からない人ね。冗談を言うといつも怒ってしまうんだもの。
86. 深夜の外出はもう止めるよ。二度としないから。
87. へー、沖縄出身なんだ。それでか。
88. 今日は一日中忙しくなるぞ。油なんか売るなよな。
89. 昨晩友だちを待ってたんだよ。でも、すっぽかされちゃった。
90. A：明日あいつ帰って来るって本当か？
    B：ああ、その通りだよ。
91. 2、3軒お得意さんに電話するの忘れてた。私どうかしてるわ、今日。
92. 頭にくるよあいつ。ランチの後いつもだぜ、油売ってるの。
93. 僕の部屋今使えないよ。散らかってるから。

94. うん、彼親切だよ。まあってとこだけど。
95. ね、言った通りでしょう? 彼また失敗したわ。
96. イタリアンレストランが今日オープンだって新聞に出てたよ。だから、ちょっと見に行かない?
97. 何でもかんでも質問するなよ。かんべんしてくんない?
98. うちに新しい上司が来るんだって? どんな感じの人?
99. へー、腕時計電話か? イカスーッ!
100. やったーッ! とうとうこの本読んだぞ!

UNIT Ⅱ Mr. Book と話してみよう ·············· 215
　Ⅰ. こんなとき何という? ······················· 216
　Ⅱ. …と言えば、どう言う? ···················· 221

INDEX ············· 229

UNIT I
100のフレーズを楽しもう

PHRASE 1

You can count on me.

◆このフレーズはこんなときに使おう◆

◎頼まれたことが自分の得意な分野であったら、"You can count on me."と言ってあげよう。

◎相談に乗ってあげられる自信があるなら、その人に"You can count on me."と言おう。

任せてください。

EX. "For <u>our next project</u>,
you can count on me."

注: Exの和訳は目次にあります。

YOU TRY THIS :
→
"For_____ ,
you can count on me."

このフレーズは以下の表現にも使えます。
◆私に任せて。
◆大丈夫だって。
◆うん、出来るよ。(それ、私の専門なの。)
◆僕を頼りにしていいよ。
◆ああ、あてにしてもいいよ。

PHRASE 2

It's handy.

◆このフレーズはこんなときに使おう◆

◎役に立つことを教えてもらったら、"It's handy." と言おう。

◎役に立つものを目にしたり、それが手に入ったら、"It's handy." と言おう。

なかなか便利だ。

EX. "He gave me <u>this book</u>.
　　It's handy."

YOU TRY THIS :
　➡
　"He gave me _____.
　　It's handy."

このフレーズは以下の表現にも使えます。
◆これ（それ）は使えるね。
◆融通がきくね。
◆利用価値があるね。

PHRASE 3

What the hell !

◆このフレーズはこんなときに使おう◆

◎何か気がかりなことがあるとき、心配事をふっきるように、"What the hell!"と言おう。

◎大変なことに挑むとき、目をすえて"What the hell!" と言おう。

どうってことないさ。

EX. "I have <u>a job interview tomorrow</u>, but what the hell!"

YOU TRY THIS :
➡
"I have_____, but what the hell!"

このフレーズは以下の表現にも使えます。
◆なんだそんなこと。心配することない。
◆くよくよすることはない。どうにかなるさ。
◆そんなことで負けてたまるか。

PHRASE 4

Sounds good!

◆このフレーズはこんなときに使おう◆

◎何かを見て、聞いて、感想を述べる時、あるいは感想を求められたときに、"Sounds good!"と言おう。

なかなかいいんじゃない。

EX. *"My friend told me about <u>your project</u>. Sounds good!"*

YOU TRY THIS：

⬇

"My friend told me about _____. Sounds good!"

※"It sounds good!"がもとの表現ですが、一般的にはitを省いて話しています。他の五感の単語look, taste, smell, feelも同じように使えます。
例えば、料理の匂いがして、"Smells good!"（う〜んいい匂い）。覗いてみると、"Looks good!"（旨そうだねぇ）。ちょっと味見をして、"Tastes good!"（こりゃ美味しい）。そして、窓をあけて深呼吸、"Feels good!"（ああ、気持ちがいい。）
このように同じ文型で表現することが出来るのです。

PHRASE 5

Take your time.

◆このフレーズはこんなときに使おう◆

◎焦って何かをしている人に"Take your time."と言ってあげよう。

◎時間の調整やまわりとのペースを考え、"Take your time."と言おう。

ゆっくりやったら。

EX. "<u>Job hunting</u> is hard now.
So, take your time."

YOU TRY THIS :
➡
"_____ is hard now.
So, take your time."

このフレーズは以下の表現にも使えます。
◆焦らずにのんびりやりなさい。
◆時間をかけてじっくりやりなさい。
◆遅くなってもいいから間違わずにしなさい。
◆時間を稼げ。

PHRASE 6

No choice.

◆このフレーズはこんなときに使おう◆

◎あることが起きてそうするより他なかった。気にしている相手に"No choice."と言ってあげよう。

◎あることが起きて代用を余儀無くされた。それにかけるより他ない。成功を願って、"No choice."と言おう。

しょうがないよ。

EX. "No choice. You have to <u>leave now</u>."

YOU TRY THIS：
　　　↓
　"No choice. You have to
　　　_____."

このフレーズは以下の表現にも使えます。
◆選択の余地がない。
◆やむをえん。
◆当たってくだけろ。
※「チョイスはない」⇒「それしかない」⇒「それ以上言っても無駄。」⇒「しょうがない」の意味になるわけです。

PHRASE 7

Go for it!

◆このフレーズはこんなときに使おう◆

◎友だちが何かに挑戦するとき、"Go for it!"と言ってあげよう。

◎あることをするか否か迷っている人に、"Go for it!"と言ってあげよう。

英語で決めゼリフ!

頑張って!

EX. "You wanna be <u>a pilot</u>? Go for it!"

*wanna = want to

YOU TRY THIS :
⬇
"You wanna be_____?
Go for it!"

このフレーズは以下の表現にも使えます。
◆立ち向かえ。
◆くじけるな。
◆それに向けてこつこつとやれ。

※今していることに対して粘り強く「頑張れ!」というのは "Hang in there!" です。"there"の"th"は発音されません。

PHRASE 8

No kidding!

◆このフレーズはこんなときに使おう◆

◎信じられないことを耳にしたら、"No kidding!"と言おう。

◎何かいいことを聞いたら、"No kidding!"と言おう。

まじで？

EX. "Wow! You <u>got mail from him</u>?
    No kidding!"

YOU TRY THIS :
➡
    "Wow! You _____?
    No kidding!"

このフレーズは以下の表現にも使えます。
◆うっそ、ほんと？
◆冗談はよして。
◆ひぇ〜！

PHRASE 9

Wish me luck.

◆このフレーズはこんなときに使おう◆

◎これからすることが心配である。そんなとき友と出会ったら、"Wish me luck."と言おう。

◎"Go for it!"と励まされたら、"Wish me luck."と応えよう。

祈っててよ。

EX. "I have to <u>give a speech tomorrow</u>. Wish me luck!"

YOU TRY THIS :
⬇
"I have to _____. Wish me luck!"

このフレーズは以下の表現にも使えます。
◆ (成功を) 祈っててよ。
◆ (幸運を) 祈っててよ。

PHRASE 10

It's fun.

◆このフレーズはこんなときに使おう◆

◎単純に喜べる楽しいことや愉快なことに、"It's fun." と言おう。

面白い。

EX. "I like <u>this class</u>. It's fun."

YOU TRY THIS：

➡

"I like _____.
It's fun."

このフレーズは以下の表現にも使えます。
◆楽しい。
◆愉快だ。
※「注意や興味を引く」という「面白い」は"interesting"です。
EX. That question is interesting.
　　（その質問は面白い。）

PHRASE 11

It's up to you.

◆このフレーズはこんなときに使おう◆

◎相手が判断すべきことに迷っていたら、"It's up to you."と言おう。

◎決定権は相手にある。そんなとき、"It's up to you."と言おう。

◎思いやって言ったことを相手が聞かなければ、"It's up to you."と言ってあげよう。

チェック！

英語で決めゼリフ！

あなた次第ね。

EX. "About <u>our trip</u>, it's up to you."

YOU TRY THIS :
→
  "About _____, it's up to you."

このフレーズは以下の表現にも使えます。
◆君がしたいようにしたらいいよ。
◆周囲の人のことを気にする必要はないよ。
◆いろんな案が出たが、決定権は君にあるよ。
◆君のためを思って言っているんだよ。
　（聞くか聞かないかは君次第。）
◆君がそう思うなら勝手にしなさい。
　（聞くか聞かないかは君次第。）

PHRASE 12

No excuses!

◆このフレーズはこんなときに使おう◆

◎相手がああだこうだと弁解を述べていたら、"No excuses!" と言おう。

◎相手がすべきことから逃れようとしたら、"No excuses!"と言おう。

チェック!

英語で決めゼリフ!

弁解無用!

EX. *"You have to <u>clean your room</u>.
No excuses!"*

YOU TRY THIS :
⬇
*"You have to _____.
No excuses!"*

このフレーズは以下の表現にも使えます。
◆つべこべ言わないでやりなさい。
◆「でも…」でないでしょ。
◆言い訳はしないで。

PHRASE 13

So far so good.

◆このフレーズはこんなときに使おう◆

◎相手に調子はどうかと聞かれたら、"So far so good." と言おう。

◎病気や怪我をして体調が快方に向かっているとき、"So far so good." と言おう。

うん、順調。

EX. "I've been <u>taking aerobics lessons</u>, and so far so good."

YOU TRY THIS :

➡

"I've been _____, and so far so good."

このフレーズは以下の表現にも使えます。
◆今のところうまくいっている。
◆大分良くなってきた。
◆今のところ何も変化はない。(異常はない。)

PHRASE 14

I don't get it.

◆このフレーズはこんなときに使おう◆

◎相手の言うことが分からないときは、"I don't get it." と言おう。

◎何かナゾめいたことがあれば、"I don't get it." と言おう。

チェック！ ☹ ☐☐☐

英語で決めゼリフ！

さっぱり分からん。

EX. "He explained <u>a new computer system</u>, but I don't get it."

YOU TRY THIS :
⬇
"He explained _____, but I don't get it."

このフレーズは以下の表現にも使えます。
◆チンプンカンプンだね。
◆納得いかん。
◆ありゃ謎だね。
◆どうもへんだなー。(裏に何かがある。)

PHRASE 15

That's news to me.

◆このフレーズはこんなときに使おう◆

◎何かいい知らせを聞いたら、"That's news to me."と言ってあげよう。

そりゃ初耳だ。

EX. "He <u>went to New York</u>? Wow!
    That's news to me."

YOU TRY THIS :

　　↓
　"He _____? Wow!
    That's news to me."

このフレーズは以下の表現にも使えます。
◆それは知らなかった。
◆へえ、そんなことがあったの。

PHRASE 16

Don't get upset.

◆このフレーズはこんなときに使おう◆

◎何かいやなことや残念なことがあっても、"Don't get upset."と言って励まそう。

◎Everybody makes mistakes. だから "Don't get upset."と言って気を取り直そう。

ま、がっかりすんな。

EX. "You can <u>go there</u> again.
　　Don't get upset."

YOU TRY THIS：

　⬇

　"You can ＿＿＿＿＿ again.
　　Don't get upset."

このフレーズは以下の表現にも使えます。
◆そうしょげることはないよ。
◆くよくよしないで。
◆元気を出して…。

PHRASE 17

Be yourself.

◆このフレーズはこんなときに使おう◆

◎気をつかわなければならない所に出るとき、"Be yourself!"と言ってあげよう。

ありのままにしたら。

EX. "Be yourself
when you <u>have an interview</u>."

YOU TRY THIS :

⬇

"Be yourself when you
_____."

このフレーズは以下の表現にも使えます。
◆あなたが普段しているようにして。
◆自然に振舞って。（自然に構えたらいい。）
◆いつもの君でいいじゃないか。
◆周囲を気にしないでしたらいいよ。
※文字どおり「自分自身であれ。」の意味から「ありのままに。」という意味になります。

PHRASE 18

Keep cool!

◆このフレーズはこんなときに使おう◆

◎何か大変なことが起きても、平静を保つように、"Keep cool!"と言ってあげよう。

冷静にいこう。

EX. "Your partner is <u>very rude</u>, but keep cool!"   *rude: not polite

YOU TRY THIS :
⬇
"Your partner is _____, but keep cool!"

このフレーズは以下の表現にも使えます。
◆何ごとにも動じないで。
◆落ち着いて行こう。

PHRASE 19

Start again!

◆このフレーズはこんなときに使おう◆

◎せっかくここまで出来ていたのに、ああ失敗しちゃった。そんな時、気を取り直して、"Start again!"と言って頑張ろう。

◎さあ、今年はこれからだ。気を引き締めて"Start again!"と言って頑張ろう。

英語で決めゼリフ!

やり直せばいいよ。

EX. "<u>You did it wrong</u>. Start again!"

YOU TRY THIS :
⬇
"_____. Start again!"

このフレーズは以下の表現にも使えます。
◆一から出直しだ。
◆もう一度はじめから話そう。
◆心機一転して頑張ろう。
◆ふり出しに戻ろう。

※似た表現に"Do it again."(もう一度やりなさい。)があります。一緒に覚えましょう。

PHRASE 20

I mean it!

◆このフレーズはこんなときに使おう◆

◎ある真剣な考えに対し、周りが否定したり、信じなかったりしたら、"I mean it!"と言おう。

◎子供に注意をしているときに、子供がいい加減に聞いていたら、"I mean it!"と言おう。

本気だぜ。

EX. "I'm gonna <u>talk to my boss about it</u>. I mean it!"

YOU TRY THIS :

➡

"I'm gonna _____. I mean it!"

このフレーズは以下の表現にも使えます。
◆今言ったこと本当だよ。
◆襟元をただして聞きなさい。
◆子供に対して(お父さん/お母さんの言うことを)真面目に聞きなさい。
◆今度だけは本当なの。(信じてちょうだい。)

PHRASE 21

I'm stuck on it.

◆このフレーズはこんなときに使おう◆

◎何かに夢中になってしまったら、"I'm stuck on it."と言おう。

ハマっちゃったよ。

EX. "<u>This jigsaw puzzle</u> is fun! I'm stuck on it."

YOU TRY THIS :

➡

"_____ is fun! I'm stuck on it."

このフレーズは以下の表現にも使えます。
◆その虜になってしまった。
◆ほれてしまった。

PHRASE 22

I'd love to.

◆このフレーズはこんなときに使おう◆

◎あることを勧められ、喜んで従うなら、"I'd love to."と言おう。

喜んで（そうさせて頂きます）。

EX. A: Go to <u>the movies</u>?
　　B: Oh, I'd love to.

YOU TRY THIS :
　　⬇
　　A: Go to ＿＿＿＿＿＿＿?
　　B: Oh, I'd love to.

このフレーズは以下の表現にも使えます。
◆勿論です。
◆ありがとう。

※"love"は"like very much"の意味です。"I love it!"も一緒に覚えてください。あることが気に入ったり、すごく好きなら躊躇しないで"I love it!"と言いましょう。

PHRASE 23

Ring a bell?

◆このフレーズはこんなときに使おう◆

◎何かを思い出させるときや、秘密などを暴くときにそのキーワードを言ってから、"Ring a bell?"と言おう。

覚えてる？

EX. "I <u>saw Jane Parker the other day</u>.
 Ring a bell?"

YOU TRY THIS :

➡
 "I _____.
 Ring a bell?"

このフレーズは以下の表現にも使えます。
◆聞いたことない？
◆心当たりない？
◆思い出しませんか？

PHRASE 24

Keep the ball rolling.

◆このフレーズはこんなときに使おう◆

◎その場の雰囲気、あるいは何かをしている人の調子を崩さないように、"Keep the ball rolling."と言おう。

その調子で続けて。

EX. "You are doing well with <u>the project</u>. Keep the ball rolling."

YOU TRY THIS：
➡

"You are doing well with _____. Keep the ball rolling."

このフレーズは以下の表現にも使えます。
◆あ、続けて続けて…。
◆そのまま集中してやりなさい。
◆しらけんようにな。
※ただ続けなさいというなら"Keep on."とか"Go on."で十分です。

PHRASE 25

Have fun!

◆このフレーズはこんなときに使おう◆

◎楽しいことに専念したり、休みの計画があることを友人から聞いたら、"Have fun!"と言ってあげよう。

チェック！

英語で決めゼリフ！

十分楽しんでね。

EX. "Are you gonna <u>go fishing this weekend</u>? Have fun!"

*gonna = going to

YOU TRY THIS :
⬇
"Are you gonna _____? Have fun!"

このフレーズは以下の表現にも使えます。
◆楽しんできて。
◆羽根を伸ばしておいで。
◆ゆっくりして来て。
※"Enjoy yourself." 「楽しんで。」も使えます。どんな条件にも使えるのでこれも便利です。

PHRASE 26

I'm crazy about it.

◆このフレーズはこんなときに使おう◆

◎今夢中になっていることや、好きなことについて、"I'm crazy about it."と言おう。

チェック！ ☐☐☐

英語で決めゼリフ！

あれはたまんないよ。

EX. "My friend doesn't like <u>Star Wars</u>, but I'm crazy about it."

YOU TRY THIS :
⬇
"My friend doesn't like _____, but I'm crazy about it."

このフレーズは以下の表現にも使えます。
◆それに夢中なの。
◆そのことになると夢中になるんだよね。

PHRASE 27

No wonder.

◆このフレーズはこんなときに使おう◆

◎予測された結果を聞かされたら、"No wonder."と言おう。

道理で。

EX. *"No wonder he doesn't <u>eat much</u>."*

YOU TRY THIS :
⬇
"No wonder he doesn't _____."

このフレーズは以下の表現にも使えます。
◆思った通りだ。
◆やっぱりね。
◆そのはずだよ。

PHRASE 28

He is something.

◆このフレーズはこんなときに使おう◆

◎良くも悪くも、あることに抜きん出ている人を"He is something."と言う。

チェック!
□□□

英語で決めゼリフ!

あいつはなかなかだ。

EX. "He can <u>*fix any kind of machine*</u>.
　　He's something."

YOU TRY THIS :
　　⬇
　　"He can _____.
　　He's something."

このフレーズは以下の表現にも使えます。
◆たいしたやつだ。
◆彼は大物だよ。(いずれは大物になるよ。)
◆彼、他の人とちょっと違うね。

69

PHRASE 29

None of your business!

◆このフレーズはこんなときに使おう◆

◎聞きもしないことに口を挟むような人に、
 "None of your business!"と言おう。
◎関係ないことに首をつっこまれたりしたら、
 "None of your business!"と言おう。

君には関係ないよ。

EX. "It's about _my family_.
     None of your business!"

YOU TRY THIS :
  ⬇
   "It's about _____.
    None of your business!"

このフレーズは以下の表現にも使えます。
◆余計なお世話だよ。
◆おせっかいだな〜。

PHRASE 30

Never mind him.

◆このフレーズはこんなときに使おう◆

◎言っても無駄な人に何かを言おうとしている人を見かけたら"Never mind him."とアドバイスしよう。

◎ご機嫌ナナメな人に何かを言おうとしている人を見かけたら"Never mind him."と言おう。

放っておきなさい。

EX. "He doesn't <u>wanna meet anyone</u>.
So, never mind him."

YOU TRY THIS :
⬇
"He doesn't _____.
Never mind him."

このフレーズは以下の表現にも使えます。
◆彼には構うんじゃない。
◆彼には何を言っても無駄だよ。
◆彼、聞く耳をもたないから。
※"Leave him alone."（一人にしておいたら。）という
フレーズも同じ意味に使われます。

PHRASE 31

You're gonna get it!

◆このフレーズはこんなときに使おう◆

◎してはいけないことをしたり、間違ったことをしたりしている人を見かけたら、すかさず、"You're gonna get it!"と言ってあげよう。

叱られるぞ。

EX. *"Oh, you haven't told him about <u>that message</u> yet? You're gonna get it!"*

YOU TRY THIS :

➡

"Oh, you haven't told him about _____ yet? You're gonna get it!"

このフレーズは以下の表現にも使えます。
◆それやばくない？
◆今に痛い目にあうぜ。
◆後で後悔するよ。

PHRASE 32

I don't give a damn.

◆このフレーズはこんなときに使おう◆

◎何をされても何を言われても私はこたえません。そんなとき、"I don't give a damn."と言おう。

◎失敗してもまたチャンスがあるさという気持ちで、"I don't give a damn."と言おう。

ま、いいか。

EX. "She didn't <u>*follow my idea*</u>, but I don't give a damn."

YOU TRY THIS :

⬇

"She didn't _____, but I don't give a damn."

このフレーズは以下の表現にも使えます。
◆私は平気だよ。
◆しょせん、そんなもんだろう。
◆ま、こうなるものと思っていたから。

PHRASE 33

It's nice and homey.

◆このフレーズはこんなときに使おう◆

◎友人の部屋に通されたら、ただ黙っていないで "It's nice and homey." と言おう。

英語で決めゼリフ!

くつろげるね、ここ。

EX. "You've got <u>a large room and a large kitchen</u>.
It's nice and homey."

YOU TRY THIS：
→
"You've got _____.
It's nice and homey."

このフレーズは以下の表現にも使えます。
◆家庭的でいいね。
◆なかなか落ち着くね。
◆ホッとするね。
◆住みやすそうだね。

PHRASE 34

Before too long.

◆このフレーズはこんなときに使おう◆

◎ちょっと心配して期限まで間に合うように言うなら、"Before too long."と言おう。

出来るだけ早くね。

EX. "Yes, you can <u>return it anytime</u>, but before too long."

YOU TRY THIS：

⬇

"Yes, you can _____, but before too long."

このフレーズは以下の表現にも使えます。
◆あまり遅くならないうちにね。
※「手後れにならないうちに。」と言うのであれば、"Before too late."となります。

PHRASE 35

It's time to go.

◆このフレーズはこんなときに使おう◆

◎もう帰らなければならないとき、"It's time to go."と言おう。

◎話をしている時間がなくなってきたら、相手に、"It's time to go."と言おう。

もう、行かなきゃ。

EX. "It's time to go now.
   I <u>have an appointment with a doctor</u>."

YOU TRY THIS :
→
   "It's time to go now.
   I _____."

このフレーズは以下の表現にも使えます。
◆もう失礼します。
◆そろそろおいとましなくっちゃ。
◆もう、行くぞ。

※"It's time to go."「(私／私たち) もう行かなきゃ。」
　"I've got to go."「(私) もう行かなきゃ。」
　　　　　　　　　　　　　　*have got to = have to

PHRASE 36

You're a mind reader.

◆このフレーズはこんなときに使おう◆

◎こちらの気持ちや考えを言い当てる人がいます。あるいは、見えないところでこちらのために何かをしている人がいます。そのような人に出会ったら、"You're a mind reader."と言おう。

へー、どうして分かるの？

EX. "You're a mind reader. You always tell me <u>the answer before I ask the question</u>."

YOU TRY THIS :
⬇

"You're a mind reader. You always tell me _____."

このフレーズは以下の表現にも使えます。
◆人の心読めるんだね。

PHRASE 37

No problem.

◆このフレーズはこんなときに使おう◆

◎何かを心配している人、失敗した人、あるいはこちらに何度も謝罪する人に対して、"No problem."と言ってあげよう。

別に大したことでないから。

EX. *"Yes, you can <u>use my phone</u>. No problem."*

YOU TRY THIS :

➡

"Yes, you can _____. No problem."

このフレーズは以下の表現にも使えます。
◆なんでもないよ。
◆気にしないで。
◆もう別に気にしていないから。

PHRASE 38

Take my word.

◆このフレーズはこんなときに使おう◆

◎責任をもって何かの方法や真実を伝えようと思ったら、相手にそれを言ってから"Take my word."と言おう。

私の言うこと信用していいよ。

EX. *"I can help you about it.*
    Take my word."

YOU TRY THIS :

⬇

"_____.

Take my word."

このフレーズは以下の表現にも使えます。
◆私の言うようにしたら大丈夫。
◆私がついているから心配しなくともいいよ。
◆大船に乗ったつもりで。
※Trust me.（私を信じていいよ。）もよく使われます。

PHRASE 39

I'm broke.

◆このフレーズはこんなときに使おう◆

◎お金がなくなったり、持ち合わせがなかったりしたら、"I'm broke."と言おう。

すってんてんだよ。

EX. "I've spent much money on my car, so I'm broke."

YOU TRY THIS :
➡
"I _____,
so I'm broke."

このフレーズは以下の表現にも使えます。
◆一文無しなんだよ。
◆今ちょっと持合わせがなくて。
◆今月は厳しくてね。
※I'm broken.と言わないように気をつけよう。

PHRASE 40

Here you go.

◆このフレーズはこんなときに使おう◆

◎何かを相手に渡すとき、"Here you go."と言おう。

◎何かの仕上がりや結果を見せる時には、"Here you go."と言おう。

◎探し物を見つけたら、"Here you go."と言おう。

はい、これ。

EX. "Here you go. You've been looking for <u>this book</u>, haven't you?"

YOU TRY THIS :
→

"Here you go.
You've been looking for _____,
haven't you?"

このフレーズは以下の表現にも使えます。
◆はい、どうぞ。
◆さあ出来たよ。
◆そうらあったよ。
※ラジオ番組のリクエスト曲をかけるときにDJが必ず言うセリフが、"Here we go!"です。

PHRASE 41

I can't stand it!

◆このフレーズはこんなときに使おう◆

このフレーズはこんなときに使おう。
◎耐えて耐えて耐えきれなくなったら、
"I can't stand it!"と言おう。

チェック!

英語で決めゼリフ!

もう我慢できない!

EX. "Well, <u>the bus didn't come again</u>.
I can't stand it!"

YOU TRY THIS :
➡
"Well,_____.
I can't stand it!"

このフレーズは以下の表現にも使えます。
◆もう許せない。
◆あったまに来るー。

PHRASE 42

This way.

◆このフレーズはこんなときに使おう◆

◎短い時間であることをひも解いたり、指し示したりするとき、"This way."と言おう。

◎人をエスコートするとき、"This way, please."と言おう。

こうやるんだよ。

EX. "This way. Can't you see <u>how to open the can?</u>"   *see = understand

YOU TRY THIS :
➡
"This way. Can't you see _____?"

このフレーズは以下の表現にも使えます。
◆こんなふうにね。
◆こういう方法でね。
◆こちらです。

※"That way."は「あんなやり方。／あの方法で。」です。"Not that way."は「そういうやり方じゃなくね。」です。

PHRASE 43

It's much better.

◆このフレーズはこんなときに使おう◆

◎相手に何かを訂正させ、少しでも改良されたら、"It's much better."と言って一応ほめてあげよう。

英語で決めゼリフ！

その方がよっぽどいいね。

EX. *"Oh, you've already <u>changed the color</u>. It's much better."*

YOU TRY THIS :
⬇
"Oh, you've already _____. It's much better."

このフレーズは以下の表現にも使えます。
◆うん、幾らか良くなったね。
◆やれば出来るんだよ。

PHRASE 44

Say what?

◆このフレーズはこんなときに使おう◆

◎相手の言うことが聞こえない時、あるいは、驚くべきことを聞かされたら、"Say what?" と言おう。

英語で決めゼリフ!

え、何だって？

EX. *"Say what? <u>The TV is too loud.</u>"*

YOU TRY THIS：

　　⬇

　　"Say what? _____"

このフレーズは以下の表現にも使えます。
◆もう一度言ってくれない？
◆今、何て言ったの？

PHRASE 45

It suits you.

◆このフレーズはこんなときに使おう◆

◎知人がいつもと違うものを身につけていたら、"It suits you."と言ってあげよう。

似合うね。

EX. *"Is that sweater new?
   It suits you."*

YOU TRY THIS :

   ↓

   "_____ It suits you."

このフレーズは以下の表現にも使えます。
◆それいいね
◆なかなか似合うよ。

※日本では、異姓である他人に対して髪型や服装をほめることを避けます。英語を話すときくらいは似合うものは正直に「いいね。」と言ってあげましょう。

PHRASE 46

Prove yourself!

◆このフレーズはこんなときに使おう◆

◎ 自信を失っている人に対して、"Prove yourself!"と言ってあげよう。

意地を見せたら。

EX. "If you really <u>want to get it</u>, prove yourself!"

YOU TRY THIS :
→
"If you really _____, prove yourself!"

このフレーズは以下の表現にも使えます。
◆根性を出しなさい。
◆ハッキリと言ったら？
◆そうじゃないということを証明したら？

PHRASE 47

Cut it out!

◆このフレーズはこんなときに使おう◆

◎神経に触るようなことがいつまでも続けられたら、その人に、"Cut it out!"と言おう。

止めてちょうだい。

EX. *"Cut it out! You're so rude."*

YOU TRY THIS :
  ⬇
  "Cut it out! _____."

このフレーズは以下の表現にも使えます。
- ◆それいいかげんにしてくれない。
- ◆もう十分でしょう？

※少し丁寧に言うなら、"Will you cut it out?"と言いましょう。

PHRASE 48

Watch your mouth!

◆このフレーズはこんなときに使おう◆

◎失礼な言い方をしたり、気に障るようなことを言う人に、"Watch your mouth!"と言おう。

◎場所をわきまえて物事を話さない人に、"Watch your mouth!"と言おう。

言葉づかいに気をつけて!

EX. *"Watch your mouth! <u>She will get upset.</u>"*

YOU TRY THIS :
➡
"Watch your mouth! <u>   </u>."

このフレーズは以下の表現にも使えます。
◆相手を見てものを言いなさい。
◆壁に耳ありだよ。

PHRASE 49

Don't scare me.

◆このフレーズはこんなときに使おう◆

◎驚かされたり、脅かされたりしたら、"Don't scare me."と言おう。

チェック！

英語で決めゼリフ!

ビックリさせないで。

EX. A: <u>The boss said you would be fired</u>. No, it's just a joke.
   B: Don't scare me.

YOU TRY THIS：

➡

   A: _____. No, it's just a joke.
   B: Don't scare me.

このフレーズは以下の表現にも使えます。
◆驚かすなよ。
◆寿命が縮まるじゃないか。

※「驚かす」でも次の2つは異なります。
　surprise：驚かす（意外に思わせる、仰天させる）
　scare：驚かす（怖がらせる、脅かす）

111

PHRASE 50

No way!

◆このフレーズはこんなときに使おう◆

◎それは出来ないとハッキリ言う時、"No way!"と言おう。

◎あることを頼まれても、相手の都合や下心が見えたら、"No way!"と言おう。

ダメだよ。

EX. "No way. You can't <u>speak Japanese in this class.</u>"

YOU TRY THIS :
　⬇
　"No way.
　You can't ＿＿＿＿＿＿＿＿"

このフレーズは以下の表現にも使えます。
◆その手には乗りませんよ。
◆いや、出来ないね。
※"No way, Jose!"のように"Jose (/house'i/)"をつけ足すと、少し冗談気味に「ダメだよ、バーカ」となります。

PHRASE 51

I wish I could.

◆このフレーズはこんなときに使おう◆

◎頼まれ事やお勧めをヤンワリと断るには、"I wish I could." と言おう。

そう出来たらいいんだけど…

EX. A: Can you <u>come to my birthday party next Friday?</u>
B: I wish I could.

YOU TRY THIS：
⬇
A: Can you _____?
B: I wish I could.

このフレーズは以下の表現にも使えます。
◆ちょっと都合が悪いの。
◆してあげたいのは山々なんだけど…。
◆ごめんね。
※相手の気分を害さないように断わる言い方が、"I wish I could."です。こう言うとそれ以上聞かれません。

PHRASE 52

I have the blues.

◆このフレーズはこんなときに使おう◆

◎どうもやる気がない、喋りたくもない、何もしたくないという時が誰にもあります。周りの人たちに聞かれたら、"I have the blues." と言おう。

今、落ち込んでるの。

EX. "I have the blues. So, I don't <u>wanna go anywhere.</u>"

YOU TRY THIS :
⬇
"I have the blues.
So, I don't _____."

このフレーズは以下の表現にも使えます。
◆今、気持ちがふさがってるの。
◆今、どうも気分が優れない。
◆どうも調子が良くない。

PHRASE 53

Don't jump to conclusions.

◆このフレーズはこんなときに使おう◆

◎単純に結論に結びつけようとする人に、
"Don't jump to conclusions."と言おう。

早合点するなよ。

EX. *"Don't jump to conclusions. <u>I'm trying to help you.</u>"*

YOU TRY THIS :

➡

"Don't jump to conclusions. _____."

このフレーズは以下の表現にも使えます。
◆そう簡単に結論に結びつけるなよ。
◆結論に結びつけるにはまだ早い。

PHRASE 54

Keep that in mind.

◆このフレーズはこんなときに使おう◆

◎今必要なことや、いずれ必要になる大事なことを伝えた後に、"Keep that in mind."と言おう。

よく覚えておいて。

EX. "She thinks <u>you are a good guy</u>.
　　Keep that in mind."

YOU TRY THIS :
　　⬇
　　"She thinks _____.
　　Keep that in mind."

このフレーズは以下の表現にも使えます。
◆肝に命じておいて。
◆心に止めておいて。
◆胸に刻んでおきなさい。

PHRASE 55

Be my guest.

◆このフレーズはこんなときに使おう◆

◎客として招待したり、自分の都合でつきあいをさせてしまったときなど、相手がそれ以上の事をしようとしたら、"Be my guest." と言おう。

今日はただお客でね。

EX. "<u>You always help me</u>, so be my guest today."

YOU TRY THIS :
  ⬇
  "_____, so be my guest today."

このフレーズは以下の表現にも使えます。
◆何もしなくていいから。
◆ただついて来てくれるだけで結構。
◆それは私の仕事だから。

PHRASE 56

What's on tonight?

◆このフレーズはこんなときに使おう◆

◎映画や、スポーツなど、今話題にしていることについて今晩何が行われているのかを問うとき、"What's on tonight?"と尋ねよう。

今晩、何やってる？

EX. *"I wanna <u>go to the movies</u>.
What's on tonight?"*

YOU TRY THIS :

➡

*"I wanna _____.
What's on tonight?"*

このフレーズは以下の表現にも使えます。
◆今晩（映画・スポーツ）何ある？
◆今晩（テレビ）なんかいいのある？

PHRASE 57

He is hard to handle.

◆このフレーズはこんなときに使おう◆

◎気難しい、あるいはワンマンな人のことを聞いたら、"He is hard to handle."と言おう。

チェック！

英語で決めゼリフ！

彼難しいんだよね。

EX. "He's hard to handle.
   He <u>doesn't help us anymore</u>."

YOU TRY THIS：
→
   "He's hard to handle.
   He _____."

このフレーズは以下の表現にも使えます。
◆扱いにくい人だな。
◆彼はどうも融通がきかない。
◆彼はなかなか頑固だからね。
※単純に"He's difficult."とも言います。反対の意味では、"He is easy to handle."

PHRASE 58

That's too bad.

◆このフレーズはこんなときに使おう◆

◎事故や病気など不幸なことが起きたらその人あるいは関係者に、"That's too bad."と言ってあげよう。

それはお気の毒様。

EX. A: *I missed the train and stayed in a hotel last night.*
B: *That's too bad.*

YOU TRY THIS :
➡
A: _____.
B: *That's too bad.*

このフレーズは以下の表現にも使えます。
◆お気の毒なことです。
◆かわいそうに。
◆そりゃひどい。

PHRASE 59

How did it go?

◆このフレーズはこんなときに使おう◆

◎あることが上手くいったかどうかを心配して聞くときは、"How did it go?"と言おう。

で、どうだった？

EX. A: <u>*I played the piano in that concert*</u>.
B: And *how did it go?*

YOU TRY THIS :
⬇
A: _____.
B: And *how did it go?*

このフレーズは以下の表現にも使えます。
◆あのこと上手くいった？
◆結果はどうだったの？

PHRASE 60

Just wait and see.

◆このフレーズはこんなときに使おう◆

◎あることに対して打つべき手は打った、あるいは手のほどこしようがない。そんなとき冷静に、"Just wait and see."と言おう。

ま、だまって見届けよう。

EX. "<u>Yes, I've already talked to him about it</u>. So, just wait and see."

YOU TRY THIS：

➡

"_____.
So, just wait and see."

このフレーズは以下の表現にも使えます。
◆成りゆきを見守ろう。
◆後は待つだけだ。
◆結果は自然について来る。

PHRASE 61

Don't push yourself.

◆このフレーズはこんなときに使おう◆

◎勉強のしすぎや仕事のしすぎ、あるいはこれから残業する人に対して、"Don't push yourself." と言ってあげよう。

無理しないようにね。

EX. A: <u>I have to work overtime tonight</u>.
   B: Don't push yourself.

YOU TRY THIS :
   ⬇
   A: _____.
   B: Don't push yourself.

このフレーズは以下の表現にも使えます。
◆ほどほどにね。
◆身体に悪いよ。

PHRASE 62

I'm on a diet.

◆このフレーズはこんなときに使おう◆

◎食事に招待されたとき、カロリーのとりすぎや、嫌いなものが気になったら、"I'm on a diet." と言おう。

英語で決めゼリフ!

私、ダイエット中なの。

EX. A: <u>Do you want some chocolate?</u>
   B: No thank you. I'm on a diet.

YOU TRY THIS :

⬇

A: _____.
B: No thank you. I'm on a diet.

このフレーズは以下の表現にも使えます。
◆私はいつもこれくらいなので。
◆もう十分です。
◆カロリーのとりすぎなので。

PHRASE 63

It works.

◆このフレーズはこんなときに使おう◆

◎ものを直したとき、あるいは、何かに対してある考えがうまく適用されたら、"It works." と言おう。

あ、うまくいくね。

EX. A: You should <u>put two batteries in this clock</u>.
　　B: Oh, it works. Thank you.

YOU TRY THIS :
　　⬇
　　A: You should _____.
　　B: Oh, it works. Thank you.

このフレーズは以下の表現にも使えます。
◆これ使えそうだね。
◆これ効くね。
◆あ、動いた動いた。(修理したとき。)

PHRASE 64

Don't miss it.

◆このフレーズはこんなときに使おう◆

◎いいことが巡って来たら、"Don't miss it."と言おう。

そのチャンスを見逃すな。

EX. *"You should see him this time. Don't miss it!"*

YOU TRY THIS :

⬇

"_____.

Don't miss it!"

このフレーズは以下の表現にも使えます。
◆うまくものにしろ。
◆めったにないチャンスだ。
◆またとない機会だ。

PHRASE 65

How do you like it?

◆このフレーズはこんなときに使おう◆

◎何かの感想を聞くときには、"How do you like it?"と言ってみよう。

その印象は？

EX. "Oh, <u>did you go to Sydney</u>?
How do you like it?"

YOU TRY THIS :

　⬇

"Oh,＿＿＿＿＿＿＿＿＿＿＿＿.
How do you like it?"

このフレーズは以下の表現にも使えます。
◆で、どう？
◆で、気に入った？

PHRASE 66

It's on me.

◆このフレーズはこんなときに使おう◆

◎あなたが相手にご馳走するならハッキリと、"It's on me."と言おう。

私のおごり。

EX. "<u>Take a break and let's go out to eat</u>. It's on me."

YOU TRY THIS：

➡

"_____. It's on me."

このフレーズは以下の表現にも使えます。
◆今回は私にまかせて。
◆今回は私が払うわね。
※"I'll treat you."も同じ意味でよく使われます。「ワリカンにしよう。」なら、"Let's split the bill."あるいは"Let's go Dutch."です。

PHRASE 67

No pain, no gain.

◆このフレーズはこんなときに使おう◆

◎楽をして何かを得ようと、特効薬ばかりを求める人に、"No pain, no gain."と言おう。

苦労なくして何も得られず。

EX. *"No pain, no gain! If you want to master it, read that book."*

YOU TRY THIS :

➡

"No pain, no gain! If you want to _____."

このフレーズは以下の表現にも使えます。
◆少しは努力しなさい。
◆少しは苦労しなきゃダメよ。
◆そんな特効薬なんてないよ。

※"Nothing ventured, nothing gained."（虎穴に入らずんば虎児をえず。）という諺もあります。

PHRASE 68

It'll be a big help.

◆このフレーズはこんなときに使おう◆

◎ネコの手も借りたいと思っている時に、手を貸してくれた人に対して、"Thank you."と言ってから、"It'll be a big help."と言おう。

ありがたいね〜ェ。

EX. A: <u>If you stay up, have this snack</u>.
B: Thank you. It'll be a big help.

YOU TRY THIS :

⬇

A: _____.

B: Thank you.
　It'll be a big help.

このフレーズは以下の表現にも使えます。
◆大変助かります。
◆そうしてくれるとありがたいねぇ。
◆ネコの手も借りたいと思っていたところなんです。

PHRASE 69

It's boring.

◆このフレーズはこんなときに使おう◆

◎期待はずれ、集中できない、何もする気がしない、変化がないなど、そういう気持ちになったら、"It's boring." と言おう。

つまんないな。

EX. "We have no chance to speak in that class. It's boring."

YOU TRY THIS :

➡

"_____.

It's boring."

このフレーズは以下の表現にも使えます。
◆新鮮さがないよ。
◆楽しめないね。
◆あー、かったるい。
※主語を "I" にして "I'm bored." とも言います。

PHRASE 70

He is a wet blanket.

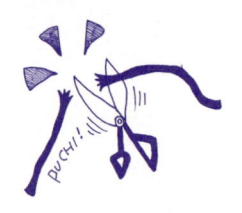

◆このフレーズはこんなときに使おう◆

◎あることが上手く行っているとき、あるいは何人かであることを決めるとき、意味もなく反対したり、いやなことを持ち出してきたら"He is a wet blanket."と言おう。

壊し屋だよ、あいつは。

EX. "Bob always talks about politics at parties. He is a wet blanket."

YOU TRY THIS :

➡

" _____

He is a wet blanket."

このフレーズは以下の表現にも使えます。
◆全く水を差すやつだ。
※「皮肉を言う人だね。」「いやみを言うね。」という
フレーズは、"He's sarcastic."

PHRASE 71

I have a sweet tooth.

◆このフレーズはこんなときに使おう◆

◎甘いものが好きで、他人から勧められたら、"I have a sweet tooth."と言って遠慮なく頂こう。

私、甘党なの。

EX. "I have a sweet tooth. Can I have <u>another piece of cake</u>?"

YOU TRY THIS :
⬇
"I have a sweet tooth. Can I have _____?"

このフレーズは以下の表現にも使えます。
◆甘いものには目がないんです。
◆甘いもの出されると弱いんですよ。

PHRASE 72

It's annoying.

◆このフレーズはこんなときに使おう◆

◎自分の性に合わないことや、煩わしいことに出くわしたら、"It's annoying." と言おう。

うんざりだね。

EX. "*He did it again!*
It's annoying."

YOU TRY THIS :
→
"_____.
It's annoying."

このフレーズは以下の表現にも使えます。
◆まっぴらごめんだね。
◆わずらわしいね。

PHRASE 73

I'm allergic.

◆このフレーズはこんなときに使おう◆

◎何かに反応していきなりくしゃみや咳きが出たら、"I'm allergic."と言おう。

英語で決めゼリフ!

私、アレルギーなんだよね。

EX. *"I'm allergic to this kind of fish."*

YOU TRY THIS：

➡

"I'm allergic to _____."

このフレーズは以下の表現にも使えます。
◆アレルギーなのか何かに反応するんですよ。
◆ジンマシンが出る。
※自分の前で友人がくしゃみをしたら、"Are you allergic to me?"（私はアレルギーのもとですか？）と冗談も言えます。

PHRASE 74

Perfect timing.

◆このフレーズはこんなときに使おう◆

◎ちょうどいい時に誰かが来たり、何かが出来たり、あるいは届いたりしたら、"Perfect timing."と言おう。

グッドタイミングだ。

EX. "Here he comes!
　　Perfect timing."

YOU TRY THIS :

➡

"＿＿＿＿＿＿＿＿＿＿＿.
　Perfect timing."

このフレーズは以下の表現にも使えます。
◆タイミングがいい。
◆ああ丁度良かった。

PHRASE 75

It's nothing unusual.

◆このフレーズはこんなときに使おう◆

◎当たり前のことや普段の習慣を特別なことと勘違いされたり、大袈裟に話されたりしたら、"It's nothing unusual."と言おう。

いつものことだよ。

EX. A: <u>He hasn't come yet?</u>
    B: It's nothing unusual.

YOU TRY THIS :
   ⬇
   A: _____.
   B: It's nothing unusual.

このフレーズは以下の表現にも使えます。
◆めずらしいことではないさ。
◆よくあることだよ。

PHRASE 76

Cut down on sugar.

◆このフレーズはこんなときに使おう◆

◎甘いものを食べすぎる人に、"Cut down on sugar."と言ってあげよう。

◎甘いものを食べ過ぎたら、"I have to cut down on sugar."といって実行しましょう。

糖分をひかえなきゃ。

EX. *"This jacket is too small.*
    I have to cut down on sugar."

YOU TRY THIS :
　　➡
　"_____.
    I have to cut down on sugar."

このフレーズは以下の表現にも使えます。
◆甘いものをひかえなさい。

PHRASE 77

What a coincidence!

◆このフレーズはこんなときに使おう◆

◎予期せぬところで友人に出会ったら、"What a coincidence!"と言おう。

◎あることがたまたま2度も起きたら、"What a coincidence!"と言おう。

偶然だねェ。

EX. *"What a coincidence!*
     I bought this bag, too."

YOU TRY THIS :

→

"What a coincidence!
_____*."*

このフレーズは以下の表現にも使えます。
◆こんな所で会うなんて偶然だね。
◆偶然の一致だ。
◆不思議なこともあるもんだね。

PHRASE 78

I have a lot to do.

◆このフレーズはこんなときに使おう◆

◎忙しくて人に会っている暇がないとき、
 "I have a lot to do."と言おう。

やること一杯あってね。

EX. *"I have a lot to do. So, <u>I can't go with you</u>."*

YOU TRY THIS :
  ↓
  *"I have a lot to do.
  So,_____."*

このフレーズは以下の表現にも使えます。
◆しなきゃならないことが沢山あって。
◆いろいろ忙しくて。
◆仕事が山積みでね。
※「たくさん」を口語で言うと"a lot"です。数や量を意識することなく使えます。"lots"も同じように使えます。

PHRASE 79

Did I hurt you?

◆このフレーズはこんなときに使おう◆

◎話をしていて相手の様子が急に変わったら
直ぐに、"Did I hurt you?"と聞こう。

英語で決めゼリフ！

何か気に障った？

EX. "Why are you so quiet?
　　Did I hurt you?"

YOU TRY THIS :

　　➡
　"_____.

　　Did I hurt you?"

このフレーズは以下の表現にも使えます。
◆悪いこと言ったかな。
◆傷つけるようなこと言ったかしら？
◆どうかした？

PHRASE 80

It's nice and cool.

◆このフレーズはこんなときに使おう◆

◎避暑地や涼しくてくつろげる所が話題になったら"It's nice and cool."と言おう。

涼しくて気持ちがいい。

EX. "Oh, are you gonna go to Hokkaido? It's nice and cool there."

YOU TRY THIS :

➡

"_____
It's nice and cool there."

このフレーズは以下の表現にも使えます。
◆涼しくていい所だ。
◆(暑い時には) あそこはホッとする。
※"Nice and cool."はセットにして覚えておきましょう。

PHRASE 81

It saved me time.

◆このフレーズはこんなときに使おう◆

◎ 思いがけなく都合の良い方向に事が運んだら、"It saved me time."と言おう。

お陰で時間が省けた。

EX. "<u>A coworker helped me check the documents</u>. So, it saved me time."

YOU TRY THIS :

→

"_____.
So, it saved me time."

このフレーズは以下の表現にも使えます。
◆お陰で余計な労力が省けた。

PHRASE 82

It's my fault.

◆このフレーズはこんなときに使おう◆

◎何かが起きて、その原因が自分にあるとき、"It's my fault." と言ってあやまろう。

私がいけないんです。

EX. "Sorry about <u>your broken car</u>.
    It's my fault."

YOU TRY THIS：
    ⬇
    "Sorry about _____.
    It's my fault."

このフレーズは以下の表現にも使えます。
◆私のせいです。
◆私の責任です。

PHRASE 83

It's hot and muggy.

◆このフレーズはこんなときに使おう◆

◎暑くてじめじめした梅雨時や、湿度の高い場所が話題になったら、"It's hot and muggy."と言おう。

蒸し暑いな。

EX. "We can enjoy flowers in this room, but it's hot and muggy here."

YOU TRY THIS :

➡

"_____, but it's hot and muggy here."

このフレーズは以下の表現にも使えます。
◆蒸してるね。
◆じめじめしていやだなー。
◆なんか汗ばむね。
※"Hot and muggy." はセットにして覚えておきましょう。

PHRASE 84

I know what you mean.

◆このフレーズはこんなときに使おう◆

◎困っていることや、グチをこぼしている人には、"I know what you mean."と言ってあげよう。

チェック！

英語で決めゼリフ！

その気持ち分かるよ。

EX. *"Oh, you wanna <u>quit your job</u>?
I know what you mean."*

YOU TRY THIS :

➡

*"Oh, you wanna _____?
I know what you mean."*

このフレーズは以下の表現にも使えます。
◆君の気持ちは百も承知だよ。
◆なんとなく分かるよ、その気持ち。

PHRASE 85

You can't take jokes.

◆このフレーズはこんなときに使おう◆

◎冗談が解せない人なら、"You can't take jokes."と言おう。

冗談が分からない人だね。

EX. *"You can't take jokes. You <u>get angry</u> whenever I make a joke."*

YOU TRY THIS：

⬇

"You can't take jokes. You _____ whenever I make a joke."

このフレーズは以下の表現にも使えます。
◆今のは冗談で言っただけだよ。
◆そう本気になるなよ。

PHRASE 86

It won't happen again.

◆このフレーズはこんなときに使おう◆

◎過ちをおかしてしまったときには、謝った後で、"It won't happen again."とハッキリ言おう。

二度としません。

EX. "I'll never go out at midnight. It won't happen again."

YOU TRY THIS :

➡

"_____.

It won't happen again."

このフレーズは以下の表現にも使えます。
◆今後十分気をつけます。
◆誓っていたしません。
※ただ単に「誓います。」と言うなら、"I swear it."が簡単です。

PHRASE 87

That explains it.

◆このフレーズはこんなときに使おう◆

◎意味が分らないとき、色々と質問をして、ようやく気の効いた理由や説明を聞かされたら、"That explains it."と言おう。

なるほど、それでか。

EX. "Oh, you <u>are from Okinawa</u>. That explains it."

YOU TRY THIS :
→
"Oh, you _____.
That explains it."

このフレーズは以下の表現にも使えます。
◆それらなら説明がつく。
◆ああ、それなら理由になる。
◆ようやく分かった。

PHRASE 88

Don't goof off!

◆このフレーズはこんなときに使おう◆

◎仕事中におしゃべりをしてる人や、時間稼ぎをしている人に、"Don't goof off!"と言おう。

油を売るんじゃない。

EX. "*We are all busy today.*
    Don't goof off!"

YOU TRY THIS :

➡
"_____.
    Don't goof off!"

このフレーズは以下の表現にも使えます。
◆まじめに仕事をしなさい。
◆時間稼ぎをするんじゃない。

PHRASE 89

I was stood up.

◆このフレーズはこんなときに使おう◆

◎待ち合わせの時間を過ぎても相手が来ない とき、"I was stood up."と言おう。

すっぽかされた。

EX. "<u>I was waiting for my friend last night</u>, but I was stood up."

YOU TRY THIS :

➡

"_____, but I was stood up."

このフレーズは以下の表現にも使えます。
◆待ちぼうけをくった。

PHRASE 90

I'm positive.

◆このフレーズはこんなときに使おう◆

◎大丈夫、間違いありませんと答えるとき、"I'm positive."と言おう。

☺ チェック！ □□□

英語で決めゼリフ！

その通りです。

EX. A: <u>Are you sure he'll come back tomorrow?</u>
　　B: I'm positive.

YOU TRY THIS :
　　⬇
　　A: _____?
　　B: I'm positive.

このフレーズは以下の表現にも使えます。

◆それに相違ありません。

※ただ単に「勿論。」と言うのであれば、"Sure."が簡単です。

PHRASE 91

I'm not quite myself today.

◆このフレーズはこんなときに使おう◆

◎へまばかりをしてしまう日には、"I'm not quite myself today."と言おう。

私どうかしてるわ、今日。

EX. "*I forgot to call a few clients. I'm not quite myself today.*"

YOU TRY THIS：

⬇

"_____.
I'm not quite myself today."

このフレーズは以下の表現にも使えます。
◆今日はどうも調子がのらない。
◆今日はどうもおかしいな。
◆今日は私らしからぬことばかりしている。

PHRASE 92

He gets on my nerves.

◆このフレーズはこんなときに使おう◆

◎人の気に障ることを、平気で言ったりしたりする人が話題になったら、"He gets on my nerves."と言おう。

頭に来るよあいつ。

EX. "He gets on my nerves.
   <u>He goofs off after lunchtime everyday</u>."

YOU TRY THIS
→
   "He gets on my nerves.
   _____."

このフレーズは以下の表現にも使えます。
◆彼、神経に触るなー。
◆しゃくにさわるやつだ。

PHRASE 93

It's messy.

◆このフレーズはこんなときに使おう◆

◎書類、机の上、引き出しの中、部屋などが整理整頓されていない場合、"It's messy."と言おう。

散らかっている。

EX. "You can't <u>use my room now</u>.
　　It's messy."

YOU TRY THIS :
　　⬇
　　"You can't _____.
　　It's messy."

このフレーズは以下の表現にも使えます。
◆整理できていない。
◆ぐちゃぐちゃだ。

PHRASE 94

Sort of.

◆このフレーズはこんなときに使おう◆

◎あることを質問され、案にほのめかすように答える場合、"Sort of."と言おう。

まあってとこだけど。

EX. "Yes, he's <u>kind</u>. Sort of."

YOU TRY THIS :
➡
"Yes, he's _____. Sort of."

このフレーズは以下の表現にも使えます。
◆その類いだな。
◆まあそんな感じ。
◆そのようなもの。
※"Sort of it."の"it"が省略されたものですが、"Sort of it."は使われません。"Sort of."です。

PHRASE 95

See what I mean?

◆このフレーズはこんなときに使おう◆

◎日頃言っていることが後になって現実化されたり、忠告が後になってその人に必要になったら、"See what I mean?"と言おう。

英語で決めゼリフ!

ね、言った通りでしょう？

EX. "See what I mean?
　　He <u>failed again</u>."

YOU TRY THIS：
　　⬇
　　"See what I mean?
　　He ＿＿＿＿＿＿＿＿."

このフレーズは以下の表現にも使えます。
◆いわんこっちゃない。
◆あんなに忠告したのに。

PHRASE 96

Check it out!

◆このフレーズはこんなときに使おう◆

◎あることが起きて、そのことに興味があったり、不思議に思ったら、"Check it out!"と言って行動に移そう。

英語で決めゼリフ！

ちょっと見てみよう。

EX. "The paper says <u>an Italian restaurant is opening today</u>. So, check it out!"

YOU TRY THIS :

　⬇

　"The paper says _____ _____. So, check it out!"

このフレーズは以下の表現にも使えます。
◆調べる価値があるね。
◆念のために調査してみよう。
◆聞いてみよう。

PHRASE 97

Give me a break.

◆このフレーズはこんなときに使おう◆

◎張り合っても無駄な場合や、質問を上手くかわすとき、"Give me a break."と言おう。

かんべんしてくれない。

EX. "<u>You ask me so many questions</u>.
    Give me a break, will you?"

YOU TRY THIS：

➡

"_____.

Give me a break, will you?"

このフレーズは以下の表現にも使えます。
◆いいかげんにしてくれない？
◆そういうことは休み休み言ってくれない？

※一般に、"Give me a break, will you?"と"will you?"を最後につけて使います。その方が、相手に不愉快な印象を与えません。また、発音上、流れもいいし、呼吸も合うはずです。

PHRASE 98

What's he like?

◆このフレーズはこんなときに使おう◆

◎知人にある人の人柄を聞くときは、"What's he like?"と言おう。

どんな感じの人？

EX. "You've told me <u>we'll have a new boss</u>. What's he like?"

YOU TRY THIS :
➡
"You've told me _____. What's he like?"

このフレーズは以下の表現にも使えます。

◆彼どういう人？

◆彼格好いい？

※"What's he look like?"という表現があります。大体同じように使われますが、こちらの方は、容姿や見かけを聞く場合に使われます。二つを使い分けると、内容がより明瞭です。

PHRASE 99

Neat!

◆このフレーズはこんなときに使おう◆

◎惹かれる人、もの、アイディアなどを目にしたら、"Neat!"（It's neat!）と言おう。

イカスーッ！

EX. "Wow! <u>Is it a wrist watch phone</u>?
　　 Neat!"

YOU TRY THIS :
　　⬇
　　"Wow! Is it _____?
　　 Neat!"

このフレーズは以下の表現にも使えます。
◆カッコイイねぇ。
◆キマッテルね。
◆こりゃ優れものだ。
◆手際がいい。

PHRASE 100

I made it!

◆このフレーズはこんなときに使おう◆

◎何かを成し遂げたら、"I made it!"と言おう。
◎約束の時間などに間に合ったら、"I made it!"と言おう。

英語で決めゼリフ！

やったー！

EX. "I made it!
I *finally read this book!*"

YOU TRY THIS :
→
"I made it! I _____
_____."

このフレーズは以下の表現にも使えます。
◆成功成功！
◆受かったー！
◆どうにか時間に間に合った。

※誰かの成功を知ったら "You made it!"「やったね。」と言ってあげよう。
※"made"の代わりに"did"を用いた表現もよく使われます。

UNIT Ⅱ
Mr. Book と話してみよう

Ⅰ．こんなとき何と言う？

"Mr. Book says" の状況に英語のフレーズで答えてみよう。

※以下にリストした「状況」は本編のフレーズ順に並べられています。
分からなければ、本編で確認しましょう。

例：5. 焦って何かをしている人に。

Mr. Book　　焦って何かをしている人に。　　あなた

Take your time.

Mr. Book says:

1. 頼まれたことがあなたの得意な分野であったら。
2. 役に立つものを目にしたり、手にしたら。
3. 心配事があってそれをふっきろうとするとき。
4. いいことを聞いたときの感想は。
5. 焦って何かをしている人に。
6. やむを得ない状況の時には。
7. 友だちが何かに挑戦するとしたら。
8. 信じられないことを耳にしたら。
9. これからすることが心配である。そんな時、友と出会ったら。
10. 単純に喜べる楽しいことや愉快なことに対して。

11. 決定権が相手にあるとしたら。
12. 義務から相手が逃れようとしたら。
13. 調子はどうかとある人に聞かれたら。
14. 相手の言うことが分らなかったら。
15. 思いがけないことを聞いたら。
16. いやなことを経験した友を励ますなら。
17. ありのままで、と励ますとき。
18. 平静を保つように相手に言うなら。
19. 相手が何かの途中で失敗してしまったら。
20. 自分は真剣である、と相手に伝えるには。
21. 何かにどっぷり浸かってしまったら。
22. あることを勧められ喜んで従うなら。
23. あることを思い出せるキーワードが出たら、すかさず。
24. 事が順調に進んでいる人に。
25. 楽しいことをすると言われたら。
26. あることがとても好きなら。
27. 予測された結果を聞かされたら.
28. あることに抜きん出ている人を。
29. 関係ないことに首をつっこまれたりしたら。
30. ご機嫌ナナメな人に話しかけようとしている人を見かけたら。
31. してはいけないことをしている人を見かけたら。
32. あなたが何に対しても気にしないなら。
33. 友人の部屋に通されたなら。
34. 期限まで間に合うように言うなら。
35. 話をしている時間がなくなってきたら。
36. 相手がこちらの気持ちや考えを言い当てる人なら。

37. 何かのことでこちらのことを気にしている人に。
38. あなたの言葉を信用してもらいたいなら。
39. お金がなくなったり、持合わせがなかったりしたら。
40. 何かを渡すときや、何かの結果を相手に示すときに。
41. 耐えて耐えて耐えきれなくなったら。
42. 直接何かを教えてあげるなら。
43. 相手に何かを訂正させ、少しでも改良されたら。
44. 相手の言うことが聞こえなかったら。
45. 身につけているものが良ければ。
46. 相手が何かのために自信を失いかけているなら。
47. 神経に触ることをある人がいつまでも続けていたら。
48. 相手が失礼な言い方をしたり、気に触るようなことを言ったら。
49. 寿命の縮まるような思いをしたら。
50. それは良くない、出来ないとハッキリ言うなら。
51. 頼まれごとに対してやんわりと断るには。
52. どうもやる気が出ない、喋りたくない。そんなとき。
53. 単純に結論に結びつけようとする人に。
54. 重要なことを肝に命じておくように言うには。
55. 知人をその日は客としてもてなすなら。
56. 映画やTVなど今晩何が行われるかを聞くとき。
57. 気難しい、あるいはワンマンな人を表現するには。
58. 失敗や不幸を聞いたら。
59. ことがどう運ばれたかを聞くには。
60. 打つべき手を打ってその動向を冷静に待つときは。
61. 勉強のしすぎや残業する人に対して。
62. 食事に招待されたとき、カロリーのとりすぎが心配なら。

63. 物事がうまく適用できたら。
64. めったにないチャンスが（ある人に）巡って来たら。
65. 「それどう？」と聞くとき。
66. あなたのおごりであるならハッキリと。
67. 難しいことを特効薬で解決しようとする人に。
68. さっと（ネコの）手を差し伸べた人に対して。
69. 興味をひかないものを見たり聞いたりしているときに。
70. ぶち壊しする人を。
71. 甘党であるなら。
72. 煩わしいことに出会ったら。
73. 何かに反応していきなりくしゃみや咳が出たら。
74. ちょうどいい時に誰かが来たり、何かが出来たりしたら。
75. それが当たり前のこと、普通のことであるなら。
76. 甘いものを食べすぎる人に。
77. 予期せぬところで友人に出会ったら。
78. すべきことが山積みなら。
79. 相手の不機嫌が自分のせいかと気になったら。
80. 避暑地や涼しいくつろげるところは。
81. 思いがけない事で時間が節約できたら。
82. 何かが起きて、その原因があなたにあるとき。
83. 梅雨時や暑くてじめじめしているところは。
84. 困っていることや、グチをこぼしている人に同情して。
85. 冗談を解せない人なら。
86. 過ちをもう二度とおかさないとキッパリと言いきるときは。
87. ようやく気の効いた理由や説明を聞けたとき。
88. 仕事中におしゃべりや、時間稼ぎをしている人に。

89. 待ち合わせの時間を過ぎても相手が来なかったら。
90. 大丈夫、間違いありませんと答えるとき。
91. いつになく、へまばかりしてしまったら。
92. 人の気に触ることを平気で言ったり神経に触る人を。
93. 書類、机、部屋などが整理整頓されていないなら。
94. あることを質問され、案にほのめかすように答える場合。
95. 日頃忠告していることが後になって起きたら、その人に。
96. 何かに興味があったり、不思議に思ってそれを調べるなら。
97. 張り合っても無駄な場合や、質問を上手くかわすとき。
98. 知人に誰かの人柄を聞くときは。
99. 惹かれる人、もの、アイディアなどを目にしたら。
100. あなたが何かを成し遂げたら。

Ⅱ. …と言えば、どう言う？

Read the example below, and respond to each line of "Mr. Book says."

例
Mr. Book says:
◇Go to the movies?

You respond:
22. (フレーズ番号)

Go to the movies?
…と言えば。

22.
Oh, I'd love to.
こう言う。

Mr. Book   **You**

Mr. Book says: **You respond:**

◇ I don't want to get a checkup.   12.

◇ You look like hell. What's the matter?   52.

◇ Do you know Bob has become an astronaut?   15.

◇ Look! Mickey is walking on the tightrope.   10.

◇ Mom, our math teacher is an idiot.   48.

◇ I've got a ticket to "Cats" on Saturday night.   4.

◇ Which movie shall we see?   11.

◇ Such a nasty guy! Doesn't he bother you? 32. 3.

◇ I solved the puzzle ring within 1 minute. 8.

◇ Sorry, my friend spread the secret. I think I should've taken your word. 95.

◇ You want my advice for your kid? 29.

◇ I'm gonna challenge the upper science course. 7.

◇ Our new teacher started teaching today. 98.

◇ This machine speaks all languages. 2. 99.

◇ You know why he speaks English well? He was brought up in Hawaii. 27. 87.

◇ Well, I have to stay up all night for that project. 61.

◇ You really like doing karaoke. I think you feel good each time after singing. 21. 26.

◇ I just won a million dollars! 44. 8.

◇ Do you wanna fool Jay on April Fool's Day with me? 50.

◇ Boo! 49.

◇ Hi! I didn't expect to see you here. 77.

◇ Eddie didn't follow our boss's directions again. 57.

◇ Do you really want me to clean the house? 20.

◇ Did you have a good time with your girlfriend last night? We saw you alone in front of Sky Cafe. 89.

◇ What am I going to say during the interview? I'm so nervous! 17. 18.

◇ Bill owns a Benz, so you'd think he must be rich. Is that what you'd say? 94.

◇ You said you are good at math. Can you help me with this home work assignment? 1.

◇ Mr. Johnson, we are making progress on the project. 24.

◇ Well, I can see who you're gonna ask out. 36.

◇ Oh, you're gonna take the English exam tomorrow? 9.

◇ Wow! You really like plastic models. Did you make all of them yourself? 26.

◇ You can't get back home until you finish drinking. 97.

◇ I've got this pamphlet. It shows the movie schedule for tonight. 56.

◇ How's your race-car driving class going? 13.

◇ I couldn't dance all night with my girl friend last weekend. 16.

◇ Sorry, I didn't feel well, so I took a nap for a

few minutes. 37. 6

◇ You look so relaxed. What about your speech
 tomorrow? You don't care about it? 3.

◇ Your crazy dog barks all the time, so you
 have to handle him. 92. 57.

◇ I met my son's teacher and talked about his
 future. 59.

◇ I added the wrong ingredients to the cake mix.
 What should I do? 19.

◇ What did you think of that movie?
 They didn't act well. 69.

◇ I'm gonna cruise the South Pacific next month.
 Do you wanna go with me? 22. 51

◇ Wow! You won the game? 100.

◇ I'm gonna relax in an open-air bath in Hakone
 this weekend. 25. 4.

◇ I told you so many times not to whistle
 in class. 86.

◇ One of the executives wants to talk to me about
 that problem. What should I do? How do I
 explain it? 18.

◇ You told me I could meet him someday.
 When? 34.

◇ I don't want to talk with you.　　　　　　79.

◇ It's rainy with high temperatures today.　　83.

◇ I don't wanna show this test score to mom.　31.

◇ I can drop by the post office today and take care of your registered mail.　　68.

◇ It's 8 o'clock, but you can stay a few more hours if you like.　　35. 78.

◇ My daughter had a car accident last week, so I have to go to the hospital.　　58.

◇ You've got a nice apartment, so you need some gorgeous furniture.　　39.

◇ Can you tell me how to get these parts together?　　42.

◇ I tried to talk to your kid, but he said nothing. What happened to him?　　30.

◇ As you told me, I apologized to him last night. Is it enough?　　43. 94.

◇ Oh, my God! My notebook is wet, and so is my dog. You know anything about it?　　82.

◇ I bought this hat yesterday. How do I look?　45. 99.

◇ The meeting is in Flyden Island tomorrow morning. But there's only one plane to get there. Flight 57 at 17:00.　　64. 6.

◇ Well, you don't talk much. You're not kind to me, and . . . 47. 97.

◇ I'll move this weekend. Could you help me out if you are free? 51. 78.

◇ Alice told me that her dog barked you when you visited her. 72.

◇ OK, you wanna go to Tokyo Disneyland this weekend? You don't have anything better to do! 53.

◇ Hey, will you drink with me tonight too? 78. 51.

◇ Welcome to my place. Take a look at the rooms and relax. 33.

◇ I understand that the new employee doesn't know how to use a computer. 54.

◇ I made my best effort for it, but I'm worried about it. 60.

◇ Is it all right that we're gonna go to the Delta Buffet for lunch? 62.

◇ Bob was sleeping in class today. 75.

◇ I went to some bookstores, but I couldn't get this book. Can I borrow it? 40.

◇ Bob is always against me even though I am right. 70. 57. 92.

◇ Look at this cellular phone. It is small, but you can watch movies on it.   99.

◇ Here you go. I put that document in this floppy disk for you.   81. 68.

◇ Is there any easy way to master English?   67.

◇ You know Tim's got a perfect grade in math again.   28.

◇ We've got a lot of homework. I can't finish it by tomorrow.   84.

◇ My face looks ugly. I've got a double chin.   76.

◇ You did something wrong. It says you have to enter your ID, not your password.   87.

◇ Do you want tissue paper? A lot of people are very sneezy in March.   73.

◇ Are you sure you will go to see him by bus? It'll take 3 days to get there.   90. 20.

◇ Thank you for the watch for my birthday.   65.

◇ Here she comes. I was about to tell you something important.   74.

◇ These cookies are very rich. So, taste one, and if you don't like it, leave them.   71.

◇ OK, I'll follow your idea. I'm not familiar with it.   38.

◇ What's the weather in Karuizawa in the summer?　　80.

◇ I'm broke. Sorry, I can't go out to eat with you this week.　　66.

◇ He stayed in a bungalow last night. But someone said he was in our hotel.　　14.

◇ You had a sleepy face today and made a lot of mistakes on the report.　　91.

◇ You're always busy, but can I visit your place tonight?　　93. 50.

◇ I've been to the store, but I couldn't find what you want.　　6. 37.

◇ This report is due next week. I've almost finished it, but I really don't know the conclusion.　　5.

◇ I'm not sure I'll do well when I give the speech.　　46.

◇ I called Jim last night and teased him, but he yelled at me.　　85.

◇ No, you have to hold this 3D picture book upside down, look at a picture and move your face close to it. Then you can see someone's face.　　63.

◇ We have 30 minutes to lunchtime, but I'm gonna take a break and smoke.　　88.

INDEX （数字は各フレーズ番号を示しています。）

Be my guest. 55
Be yourself. 17
Before too long. 34

Check it out! 96
Cut down on sugar. 76
Cut it out! 47

Did I hurt you? 79
Don't get upset. 16
Don't goof off! 88
Don't jump to conclusions. 53
Don't miss it. 64
Don't push yourself. 61
Don't scare me. 49

Give me a break. 97
Go for it! 7

Have fun! 25
He gets on my nerves. 92
He is a wet blanket. 70
He is hard to handle. 57
He is something. 28
Here you go. 40
How did it go? 59
How do you like it? 65

I can't stand it! 41
I'd love to. 22
I don't get it. 14
I don't give a damn. 32
I have a lot to do. 78
I have a sweet tooth. 71
I have the blues. 52
I know what you mean. 84
I made it! 100
I mean it! 20
I was stood up. 89
I wish I could. 51
I'm allergic. 73
I'm broke. 39
I'm crazy about it. 26
I'm not quite myself today. 91
I'm on a diet. 62
I'm positive. 90
I'm stuck on it. 21
It saved me time. 81
It suits you. 45
It won't happen again. 86
It works. 63
It'll be a big help. 68
It's annoying. 72
It's boring. 69
It's fun. 10
It's handy. 2

It's hot and muggy. 83
It's messy. 93
It's much better. 43
It's my fault. 82
It's nice and cool. 80
It's nice and homey. 33
It's nothing unusual. 75
It's on me. 66
It's time to go. 35
It's up to you. 11
Just wait and see. 60

Keep cool! 18
Keep that in mind. 54
Keep the ball rolling. 24

Neat! 99
Never mind him. 30
No choice. 6
No excuses! 12
No kidding! 8
No pain, no gain. 67
No problem. 37
No way! 50
No wonder. 27
None of your business. 29

Perfect timing. 74
Prove yourself! 46

Ring a bell? 23

Say what? 44
See what I mean? 95
So far so good. 13
Sort of. 94
Sounds good! 4
Start again! 19

Take my word. 38
Take your time. 5
That explains it. 87
That's news to me. 15
That's too bad. 58
This way. 42

Watch your mouth! 48
What a coincidence! 77
What the hell ! 3
What's he like? 98
What's on tonight? 56
Wish me luck. 9

You're a mind reader. 36
You're gonna get it. 31
You can count on me. 1
You can't take jokes. 85

● 著者プロフィール

吉富　昇
The Pennsylvania State University 卒
教育学部スピーチ病理学科、人文学部言語学応用言語学科専攻。大学院コースにおいて、言語学者Dr. P. Baldi, スピーチ解剖学者Dr. H. Gilbert, 言語心理学者Dr. D. Palermoらに師事。言語とスピーチ機能の関係を学術的かつ実践的に追究し、日本人の英語音声確立のための独自の指導法を開発した。
　　　　URL: http://www.ne.jp/asahi/sound/pro
　帰国後、文部省生涯教育高度化開発研究英語部門委託研究員を経て、現在都内の大学で教鞭を執る。一般英語とESP (English for Specific Purpose) の教材を作成し実践している。教材作成中に開発したプロットタイプは医学、工学、法学など全ての分野に応用可能である。
　Speech Clinics, LLなどの英米人教官の指導、様々な年代を対象とした英語コミュニケーション、English Onlyによる教育を実践している。
　ジャパンタイムズ週刊STに「あなたが主役の英会話」24回シリーズを連載。本コラムは、2010年の週刊ST60周年記念として依頼されたものである。
　また、近年はPCやiPhoneを用いた英語教材のデジタルコンテンツを開発中である。

It's Handy!　　　　　　　［別売CD有］

2003年9月30日　1刷
2020年7月30日　9刷

著　者──吉富　昇
　　　　　© N. S. Yoshitomi, 2003

発行者──南雲一範

発行所──株式会社 **南雲堂**
　　　　〒162-0801　東京都新宿区山吹町361
　　　　電　話　(03)3268-2384
　　　　FAX　 (03)3260-5425

印刷所／啓文堂　　製本所／松村製本所

Printed in Japan　　〈検印省略〉
乱丁、落丁本はご面倒ですが小社通販係宛ご送付ください。
送料小社負担にてお取替えいたします。

ISBN978-4-523-26433-0　C0082〈1-433〉

E-mail　nanundo@post.email.ne.jp　URL　http://www.nanun-do.co.jp

●
装丁／銀月堂
本文イラスト／羽彩里

南雲堂の好評書

１日１時間の独学パワー
ヒマさえあれば実況中継せよ
十指法のススメ
英語の反射神経を創る
ツージビリティ最優先

和魂英才
英語超独学法
秘中の秘34のノウハウ

吉 ゆうそう 著

四六判　256ページ　定価（本体1,456円＋税）

英語の勉強法がわからない人
三日坊主で長続きしない人
英語と一生つき合いたいと思ってる語学好きの人
あなたに贈る独学法のコツ！

単なるハウツウものとは異なる迫力のある
説得力でせまる語学の達人への道。

ご注文はお近くの書店、または直接小社(TEL03-3268-2384)まで。